JULES LE PETIT

La Bibliophilie qui passe

NOTES SUR UN GRAND BIBLIOPHILE D'HIER

LE COMTE DE LIGNEROLLES

PAR UN PETIT BIBLIOPHILE D'AUJOURD'HUI

AVEC DES CROQUIS NAÏFS DE L'AUTEUR

PARIS
ÉMILE RONDEAU, LIBRAIRE
19, BOULEVARD MONTMARTRE, 19

1895

La Bibliophilie qui passe

4° Z Le Senne 2876

JUSTIFICATION DU TIRAGE

Cette notice a été tirée à 220 exemplaires tous numérotés.

N°s 1 à 20 sur papier de Hollande.

N°s 21 à 220 sur papier vergé.

EXEMPLAIRE N° *120*

LE COMTE DE LIGNEROLLES (1816-1893)

JULES LE PETIT

La Bibliophilie qui passe

NOTES SUR UN GRAND BIBLIOPHILE D'HIER

LE COMTE DE LIGNEROLLES

PAR UN PETIT BIBLIOPHILE D'AUJOURD'HUI

AVEC DES CROQUIS NAÏFS DE L'AUTEUR

PARIS
ÉMILE RONDEAU, LIBRAIRE
19, BOULEVARD MONTMARTRE, 19

1895

La Bibliophilie qui passe

Notes sur un grand bibliophile d'hier (M. de Lignerolles)

PAR UN PETIT BIBLIOPHILE D'AUJOURD'HUI

(AVEC DES CROQUIS NAÏFS MAIS PITTORESQUES DE L'AUTEUR

I

Hélas! que j'en ai vu mourir de... bibliophiles! Les dernières années en ont fait une terrible moisson!... Naguère le comte de Mosbourg, peu de temps auparavant le comte de Fresne, M. Dutuit, M. de Champ-Repus, M. Daguin, dernièrement le comte de Lignerolles..., presque toute une ancienne pléiade, dont en passant je salue tardivement et tristement la mémoire.

Encore quelques rares personnalités marquantes de la même génération restent debout; puis aura disparu cette élite d'hommes distingués, qui sacrifia au goût des livres anciens, temps et fortune, repos et joies mondaines..., — car il faut à peu près tous ces sacrifices pour être un véritable amoureux des livres! — Lorsque le feu sacré de la bibliophilie s'est allumé dans une âme, qui pour ce motif ne peut être banale, il y consume souvent presque tout ce qui n'a pas rapport à la passion dont il est le phare, ou plutôt le soleil.

L'amoureux des livres!... expression absolument juste, la seule qui puisse bien caractériser le genre de bibliophile dont je voudrais retracer le caractère. L'amoureux des livres !... type extrêmement rare, dont on voit à peine quelques échantillons en tout un siècle ; sorte de visionnaire, d'halluciné, dont les nuits sont hantées par des songes fiévreux, où scintillent en lettres de feu, comme aux festins de l'agonisante Babylone, ces mots créateurs de désirs ardents : « Des livres !... de beaux livres !... des livres précieux !... » Chercheur avide, dont les jours se passent en courses folles, semblables aux rondes fantastiques, à la poursuite des objets convoités ! Voluptueux intellectuel, torturé de convoitise et impatient de jouissance, pour lequel Dante aurait pu créer un cycle dans son *Enfer*, non loin de celui où il plaça Francesca et Paolo, ces voluptueux de la chair.

L'amour des livres !... passion jamais assouvie, s'excitant plutôt, s'aiguisant par la possession — et seulement en cela différente de la passion des femmes, mais pouvant, comme celle-ci, engendrer d'immenses joies et aussi d'amères déceptions !

Ce type de bibliophile idéal, désintéressé, est si peu connu de nos jours, que mon exorde dithyrambique fera évidemment hausser quelques épaules. Le moderne collectionneur, le contemporain, sont plus positifs, plus pratiques, plus sceptiques même, plus logiques aussi peut-être et souvent moins exclusifs. Il n'en est guère parmi ceux-là qui, dans la poursuite difficile de livres désirés, iraient jusqu'à délaisser, avec un dédain superbe, les choses les plus indispensables à la vie, comme cela est arrivé maintes fois à quelques-uns de leurs devanciers.

Le comte de Lignerolles était incontestablement le type parfait de la catégorie de bibliophiles dont je viens d'esquisser en quelques lignes la psychologie. Il aima les livres pour les livres, pour ce qu'ils contiennent, et non pas seulement pour les satisfactions de vanité que procure leur possession. Il forma une *bibliothèque*, avant tout intéressante au plus haut point, en même temps magnifique et précieuse. On ne pourrait en dire autant de beaucoup de ses prétendus confrères. Ce n'est point chose vulgaire, cela !

Né vers 1816, au château du Thieulin, près de Chartres, Raoul-Léonor Lhomme-Dieu du Tranchant de Lignerolles (voilà un nom qui a son parfum moyen âge !) descendait, par les femmes, écrit M. le baron Portalis, du capitaine de Lignerolles que cite Mérimée, dans la préface de sa *Chronique du temps de Charles IX*.

A défaut de documents précis, qu'il n'est pas toujours facile d'obtenir ou de publier aussi complets qu'on le désirerait, le hasard, — quelquefois obligeant dans son impersonnalité, — nous a apporté, juste à temps, un document de famille, précieux au double point de vue généalogique et bibliophilique.

Dans le catalogue de M. de Lignerolles, sous le numéro 98, figurent les admirables *Heures* de Geoffroy Tory, édition fort rare de 1527. Le catalogue ne mentionne aucune particularité relative à ce bel exemplaire. Et pourtant il est des plus intéressants pour la famille du grand bibliophile. Une série de notes, qui couvrent deux pages de garde du volume, prouvent que si ses ancêtres n'acquirent pas dans le domaine des livres une célébrité égale à celle dont il jouit déjà lui-même et que ses catalogues doivent longtemps perpétuer, il était de tradition cependant chez eux de conserver pieusement les beaux livres de famille.

Voici les notes en question, — avec leur orthographe précieusement respectée, qui, — sans aucune prétention généalogique, peuvent servir cependant à reconstituer la lignée directe ou indirecte de M. de Lignerolles. La première est d'une belle écriture du commencement du xviie siècle :

« De la bibliotheque de feu Monsieur Turpin, mon beau pere. »

Les autres se succèdent de génération en génération, comme suit :

— « Trouvé dans la bibliotheque de Monsieur de Tiliere mon beau pere petit fils de M. Turpin ayant passé dans la bibliotheque de M. de Tiliere grand père (de) ma femme.

« M. de Tiliere qui a escrit ces lignes est décédé (en) 1686, et M. de Tiliere son fils mon beau pere est décédé le 12 mars 1736 âgé de 87 ans un moys 12 jours estant né le 1er avril 1649.

— « Trouvé dans la bibliotheque de M. Dudoyer mon beau pere décédé âgé de 83 ans onze mois 11 jours le 7 janvier 1774, gendre de M. de Tilliere grand père de ma femme.

— « Trouvé à la bibliotheque de Jeanne Catherine Dudoyer, epouse de Jacques François Gabriel Lhommedieu Dutranchant mon pere, décédée le dix aoust mil sept cent quatre-vingt-quinze, âgée de soixante-douze ans, fille de M. Dudoyer auditeur des comptes mon grand pere.

— « Trouvé à la bibliotheque de Louis François L'homme dieu Du Tranchant de Lignerolles, fils de Jeanne Catherine Du Doyer, mon père, décédé à Brou le trente septembre dix huit cent quinze âgé de soixante-huit ans. »

La dernière mention est vraisemblablement de la main du père de notre grand bibliophile.

Ce beau livre a été acquis par le baron de Claye, dont la haute sagacité a vite découvert et compris l'intérêt qu'il présentait, en dehors même de la question bibliophilique. M. de Claye a eu la grande obligeance de nous signaler ce document et de nous permettre de le reproduire ici.

Le jeune de Lignerolles avait été élevé et avait grandi dans le pays chartrain, jusqu'à l'âge où il dut séjourner à Paris, pour se préparer à entrer au Conseil d'État.

Ame délicate, aimante, il apportait dans ses affections, pour sa mère, pour sa tante, Mme d'Orival, ensuite pour les siens, — et cela jusqu'à la fin de sa vie, — une exquise tendresse. On ferait un poème du récit des délicatesses infinies qu'il mettait en ses intimes relations, de son culte passionné pour les moindres souvenirs, les moindres fleurs ou autres objets venant de personnes aimées. Nature droite, loyale jusqu'au scrupule, cœur haut et fier, il était aussi sûr en ses amitiés que son caractère était ferme, dédaigneux des banales liaisons du monde.

C'est un vrai charme d'avoir à constater ces choses délicieuses à propos d'un bibliophile, c'est-à-dire d'un de ces collectionneurs dont on se fait ordinairement, — à tort, certes, — un idéal tout différent, de sécheresse de cœur, d'égoïsme un peu insoucieux pour tout ce qui n'est pas livres ou bibelots.

Ces souvenirs poétiques de la vie privée peuvent sembler ici hors de propos. Pourtant ils forment une préface naturelle, indispensable peut-être, à l'étude du caractère mystérieux, mélancolique, solitaire, qui fut celui de M. de Lignerolles bibliophile.

C'était, dans sa jeunesse, un charmant cavalier, à la tête expressive, au visage gracieux encadré d'une belle barbe noire; un dandy dont on vantait la tournure extrêmement distinguée, l'élégance et la coupe des vêtements. Fêté, choyé dans les salons, pour son esprit délicat et son amabilité, s'il aimait déjà les livres, il leur faisait bien quelques infidélités. D'ailleurs sa passion n'avait pas encore pris en lui la place absorbante qu'elle devait y occuper plus tard.

Nommé en 1840 auditeur au Conseil d'État, il y fut le collègue de M. le baron J. Pichon, qui était de la promotion de 1838. C'est là que prit naissance leur amitié, qui ne se démentit jamais. Royaliste fervent, M. de Lignerolles, dont la carrière diplomatique avait été interrompue par la révolution de 1848, révolution pendant laquelle il combattit dans la garde nationale et fut blessé, ne jugea pas convenable de rentrer à son poste sous l'Empire.

Désormais toute son existence fut vouée aux livres.

Dès les premières années, soit dans le monde, soit surtout chez les libraires, qu'il visitait de temps en temps, il avait maintes fois coudoyé les grands amateurs d'alors, écrivains bibliophiles ou riches particuliers, sacrifiant aux livres des capitaux déjà assez rondelets pour cette époque utilitaire, où l'épargne était avant tout en grand honneur. Doué d'un esprit finement observateur, il s'était promptement assimilé ce qu'il avait entendu, vu et deviné. Il avait connu, chez le père J. Techener et ensuite chez L. Potier — les deux *leaders* de la librairie ancienne de l'époque — des bibliophiles lettrés, comme Charles Nodier, J.-J. de Bure, Armand Bertin; et ces amateurs de haute volée, le comte de Chabrol, le marquis de Chateaugiron, Armand Cigongne, dont la bibliothèque, composée notamment d'anciens poètes français, de merveilleux *mystères*, de presque tous les romans de chevalerie connus, d'admirables reliures provenant de personnages célèbres, etc..., mérita d'être acquise en bloc par le duc d'Aumale, et fit le noyau — j'allais dire le joyau — de son incomparable collection; le comte d'Auffray, le baron de La Roche-Lacarelle, le comte de la Bédoyère, qui forma une si curieuse et importante réunion de livres précieux de littérature et d'histoire, surtout d'histoire de la Révolution, M. Édouard Bocher, le comte de Béhague, le comte de Lurde, M. Ambroise Firmin-Didot, le marquis de Villoutreys, le comte de Fresne, etc.... Toutes ces relations des anciennes années et son intimité avec le baron Pichon, membre de la Société des Bibliophiles français et bientôt président, n'avaient pas peu contribué au développement de son amour passionné pour les beaux livres et à l'affinement de son goût, qui était déjà de supérieure délicatesse.

La Société des Bibliophiles français, que je viens de citer, cette aristocratique Académie, dont les fauteuils, au nombre de vingt-quatre seulement, sont fort enviés et difficiles à obtenir, avait été fondée en 1820. Quelques grandes dames y furent admises. On vit figurer, tour à tour, dans ce distingué cénacle, la plupart des grands collectionneurs de livres; et plusieurs écrivains de mérite, Charles Nodier, Mérimée, Le Roux de Lincy, Jules Janin, en firent partie successivement. M. le baron Pichon, qui avait, comme quelques-uns de ses collègues, le don de mériter l'un et l'autre de ces titres, fut élu président en 1843. Les suffrages unanimes de ses collègues l'ont toujours maintenu dans ces fonctions honorifiques, depuis plus de cinquante ans. Il est actuellement le doyen des Bibliophiles, dont le duc d'Aumale est le président d'honneur. Après lui, M. de Lignerolles était l'un des plus anciens sociétaires. Élu le 28 mai 1851, au dixième fauteuil, il y remplaça M. Coste; et après sa mort, en 1893, le fauteuil qu'il occupait échut au marquis de Biron.

II

Les bibliophiles de la génération actuelle et de celle qui l'a précédée n'ont certes pas oublié la figure de M. de Lignerolles. Ils se rappellent évidemment cette physionomie sympathique, cette superbe tête aux cheveux touffus et à l'épaisse barbe blanche, adoucissant l'éclat de grands yeux noirs veloutés restés jeunes, cette « belle figure de Père Éternel », suivant l'expression des artistes. Toujours affairé, pressé, trottinant, l'air distrait, inattentif aux allées et venues des passants, le dos un peu voûté, il allait, allait toujours, comme poussé par une idée, par un désir, par une volonté intense.

Le vieillard des dernières années ne rappelait guère, par sa mise, le dandy de 1840, quoiqu'il eût conservé une tenue très soignée. Coiffé d'un haut et large chapeau, rarement à la mode et quelquefois luisant de coups de fer trop longtemps répétés, vêtu éternellement d'une longue et large redingote noire, de façon spéciale, — redingote-armoire, comme disaient les plaisants, dans laquelle on pouvait loger tout un coin de bibliothèque, même des in-folio!... semblable en cela à celle du philosophe Colline, — il n'en avait pas moins conservé le plus grand air, une suprême distinction et une bienveillante courtoisie.

Qui ne l'a rencontré, dans la rue, ou chez des libraires du quai, chez Potier, chez Claudin, chez l'excellent père France, puis dans l'entresol de Techener, chez Bachelin, chez Voisin, plus tard chez Fontaine, chez Porquet, chez Morgand, chez Belin, chez Rondeau, partout enfin où son flair étonnant lui faisait pressentir la découverte des beaux livres ou des riches reliures qu'il affectionnait? On le voyait entrer discrètement, sans bruit, parlant bas, pour s'enquérir des trouvailles de la veille ou du matin, et rappeler ses *desiderata*. Lorsque la boutique

contenait quelque autre client, il entraînait le libraire à l'écart; il lui eût volontiers chuchoté dans le tuyau de l'oreille, comme un important secret, ce qu'il avait à dire, tant il était mystérieux dans ses recherches et ses acquisitions.

Il assistait souvent aux ventes de livres, lorsqu'elles se faisaient le soir, à la salle Silvestre, rue des Bons-Enfants. Il y fut moins assidu quand la mode se porta à l'Hôtel des Commissaires-priseurs. Le brouhaha tapageur et la foule grouillante de l'Hôtel de la rue Drouot troublaient facilement sa nature silencieuse; comme le grand jour, tombant crûment d'en haut et remplissant jusqu'au moindre coin des salles, offusquait évidemment ses yeux, déroutait ses goûts de discret effacement. Il se sentait trop en vue et n'était plus à l'aise dans cette atmosphère nouvelle pour lui, contrastant si violemment avec la simplicité primitive, presque sordide, des anciennes salles exiguës créées par le père Silvestre. Il confiait ses commissions à l'un ou l'autre des trois ou quatre libraires avec lesquels il était plus particulièrement en relations.

Entre ses visites dans quelques librairies, chez le laveur de livres ou chez son relieur Trautz-Bauzonnet, et les heures de ventes publiques, M. de Lignerolles n'avait pas toujours le temps de prendre ses repas; il lui arriva maintes fois de les oublier. Ces jours-là, on le voyait entrer chez un boulanger ou chez un pâtissier, acheter un petit pain, un pâté, qu'il dévorait à la hâte, soit séance tenante, soit en marchant. D'autres fois, quand il était un peu moins pressé, il faisait un dîner sommaire dans un restaurant modeste. On pouvait se dire : voilà un avare, un maniaque.... Non, c'était tout simplement un homme de passion, que son idéal possédait en entier, qui faisait bon marché du respect humain autant que des satisfactions matérielles. Chez les idéalistes, les artistes, les penseurs, comme chez les collectionneurs, ces anomalies ne sont pas rares.

Aux expositions préliminaires des ventes, on le voyait feuilleter et refeuilleter bon nombre de volumes, tirer de sa poche de petites bandes de papier, avec lesquelles il les mesurait, s'approchant des fenêtres pour examiner la transparence des feuillets et découvrir les tares, mouillures, piqûres, raccommodages, truquages habiles qui, à notre époque de progrès, n'ont pas épargné même les choses imprimées, etc.... Et lorsqu'un livre l'avait séduit, soit là, soit chez un libraire, ses mains tremblaient en le feuilletant; il le prenait et reprenait plusieurs fois nerveusement, tout en essayant de se donner un air insoucieux, pour obtenir plus facilement l'objet convoité et ne pas attirer l'attention des « concurrents ».

Aux ventes il n'enchérissait presque jamais lui-même. Mais, au moment de la mise sur table d'un volume qu'il avait commissionné à son libraire, il prenait une attitude indifférente, regardait avec une feinte persistance son catalogue, ou levait les yeux au plafond d'un air distrait, s'agitant pourtant involontairement sur sa chaise; puis, le coup de marteau frappé, il reprenait son état normal ou devenait plus nerveux encore, suivant que l'adjudication lui avait été favorable, ou que son prix avait été dépassé. Après la vente, il empochait fiévreusement l'objet conquis et, malgré tout, se lamentait au sujet de ses échecs ou des prix trop élevés des livres. Quant à ses victoires, qui furent quelquefois très importantes, il ne s'en vantait jamais. Il ne manquait pas de recommander au libraire, chez lequel il faisait un achat ou qu'il chargeait de commissions à une vente publique, de ne jamais citer son nom. D'ailleurs il n'avouait point qu'il possédait tel ou tel volume.

On raconte plaisamment, à ce propos, qu'un de ses amis, le marquis de Villoutreys, enchérissait un jour, à l'hôtel Drouot, sur un poète fort rare, qui manquait à sa belle collection angevine. Il s'aperçoit tout à coup que l'amateur acharné à le lui disputer n'était autre que M. de Lignerolles. « Comment! vous ne me le laissez pas? dit le marquis. — C'est que... je tiens à l'avoir. — Mais, vous l'avez déjà! — Moi? fit M. de Lignerolles d'un air étonné.... — Certes!... c'est moi qui vous l'ai cédé... et en superbe condition. — Ah!... c'est vrai... mais celui-ci est plus grand. » En effet l'exemplaire de la vente avait deux millimètres de plus!...

Souvent des confrères en bibliophilie, qui l'estimaient et le considéraient beaucoup, se faisaient cependant un malin plaisir de lui parler de livres dont ils le savaient acquéreur, — non par indiscrétion de libraires, oh! non, les libraires sont des tombes! — Le bon bibliophile jouait très bien l'étonnement et, comme il n'aimait pas à mentir, étant fervent catholique, il balbutiait des « je ne sais pas..., j'en doute..., peut-être..., croyez-vous..., » et ne donnait jamais une réponse catégorique. Il était farouche sur ce point. Il était peut-être parfois sincère....

Un de nos *modernistes* les plus connus et les plus aimables avait appris, il y a quelque vingt ans, que M. de Lignerolles possédait l'un des beaux livres illustrés de notre siècle, — quoiqu'il fût du petit nombre des amateurs *impeccables* (!) qui ne voulurent jamais admettre de *dix-neuvième* dans leurs collections. — Il s'agissait des *Œuvres de Béranger*, édition de 1847, avec la suite de leurs très jolies figures, en épreuves avant la lettre, accompagnées de la plupart des eaux-fortes. L'amateur de livres modernes le priait de lui donner un renseignement au sujet de ces vignettes d'états rarissimes, pour les citer dans un ouvrage de bibliographie. M. de Lignerolles commença par dire qu'il doutait de les posséder, puis, toujours courtois, il promit de chercher, de rendre réponse. Le *moderniste* revint plusieurs fois à la charge, d'année en année; il recevait toujours d'aimables promesses, mais rien que cela. Enfin il obtint son renseignement... quelques mois après la mort du grand bibliophile, en compulsant les livres chez le libraire chargé de la vente. Les volumes de Béranger et leurs gravures étaient encore dans leur premier papier et paraissaient n'avoir jamais été visités. Disons, en passant, que le livre en question a atteint, à sa vente, le prix respectable de 5 000 francs.

Une autre anecdote, qui m'est personnelle. J'avais acquis pour son compte à la vente Potier, en 1870, entre autres livres précieux, une plaquette des plus intéressantes, les *Nouvelles en vers tirées de Boccace, par M. de la Fontaine*, 1665, première version des célèbres Contes, dont on ne connaît que deux ou trois exemplaires. Lorsque je préparais mes *Éditions originales*, je désirais y faire figurer ce précieux petit livre.

J'en parlai à M. de Lignerolles. L'éminent bibliophile fit d'abord le geste de quelqu'un qui désirerait bien posséder le trésor en question : « Mais, hélas ! c'est si rare !... c'est introuvable.... — Vous n'avez sans doute pas oublié, lui dis-je, le bel exemplaire relié en vélin ancien de la vente Potier? — Hélas ! non.... hélas ! non... Ah ! sacristi !... que celui qui le possède est heureux ! — Je croyais l'avoir acquis pour vous, » hasardai-je. — Et lui, prenant son fin sourire : « Ah ! tiens, c'est vrai..., peut-être, peut-être... vous croyez ? Je le chercherai à votre intention. » Je n'insistai pas ; M. de Lignerolles m'avait accordé deux ou trois fois la faveur de visiter longuement sa bibliothèque, — faveur bien difficile à obtenir! — je ne voulais pas en abuser. J'avais fait ma description d'après l'exemplaire de la Bibliothèque nationale. Je connaissais trop notre grand bibliophile pour être certain qu'il n'avait jamais cédé le sien. Je pouvais le citer en toute sécurité. En effet, le livre en question figurait à sa vente, avec une reliure de Trautz. M. de Lignerolles l'avait fait vêtir à nouveau par son relieur favori.

S'il acquérait à prix d'or les livres précieux, superbes ou rarissimes, qu'il rencontrait en un jour heureux, après une chasse de plusieurs années, il forma lui-même, par sa patience et ses persévérantes recherches, un nombre presque aussi grand d'exemplaires remarquables. Il en trouva des centaines dans leur état primitif, purs de toute tare, préservés du déshonneur de certaines reliures, épargnés par le couteau impitoyable. Il rassembla un à un les volumes épars des œuvres de nos grands classiques, les plaquettes gothiques, les poètes français, les pièces rares relatives à l'histoire de France, etc.... Il les choya, les fit vêtir à son goût, qui était exquis, choisit lui-même les ornements qu'il leur destinait, guida son relieur enfin, avec une sûreté de coup d'œil et une science technique extraordinaires. On peut dire qu'il a *fait établir* ainsi, patiemment et savamment, presque la moitié de sa bibliothèque. En effet, à côté des merveilleuses reliures de maîtres anciens, des livres armoriés, des provenances rares, etc..., on n'y trouvait pas moins de 3000 volumes et plaquettes reliés par Bauzonnet et Trautz-Bauzonnet, la plupart *habillés* d'après les ordres de M. de Lignerolles. On pouvait suivre ainsi, en observant attentivement cette seule collection, en comparant les reliures et les dorures, depuis les dos presque plats à la Bauzonnet jusqu'aux dos arrondis (un peu trop peut-être, parfois) de Trautz, son successeur, depuis la froide sévérité des maroquins jansénistes jusqu'à l'éclat rutilant des compartiments à petits fers et des mosaïques, les diverses phases du talent de l'artiste, dont les reliures, toujours appréciées des amateurs sérieux et classiques, furent, il y a quinze ou vingt ans, l'objet de véritables folies. M. de Lignerolles poussait l'exclusivisme jusqu'à l'exagération. Il n'admettait les travaux d'aucun autre relieur.

Un certain nombre de ses livres restaient toujours empilés dans des caisses, comme pour un départ ou un déménagement. La place lui manquait-elle dans ses rayons?... Pourtant, remarque curieuse, il occupait deux appartements, dans deux maisons différentes de la rue François Ier et de la rue Marignan. Dans l'un il demeurait; l'autre était entièrement consacré à ses bibliothèques. Ne voulait-il pas plutôt se réserver pour lui seul la vue de certains ouvrages qui lui plaisaient plus particulièrement? Si quelques collectionneurs mettent leur amour-propre à étaler devant des amis ou confrères des trésors que ces amis ne peuvent que difficilement se procurer, d'autres éprouvent une certaine jubilation à se dire : « Je suis seul ou à peu près seul à posséder cet objet et je veux être seul aussi à savourer la joie de ma possession. Ils ne le verront pas. » *Ils*, ce sont les confrères, les rivaux, souvent jalousés, quelquefois abhorrés! Vraies mœurs de pachas, dérobant impitoyablement leurs almées aux regards indiscrets!

Pourtant, — il faut lui rendre cette justice, — M. de Lignerolles ouvrit quelquefois, rarement il est vrai, ses bibliothèques à quelques familiers assemblés. « Pauvre Lignerolles!... — m'écrivait dernièrement un de ses amis, qui fut aussi un des plus délicats bibliophiles, M. E. Quentin-Bauchart, — pauvre Lignerolles! Je ne puis me rappeler sans émotion que, dans les rares occasions où il montrait ses livres, il voulait que je prisse sa place, sous prétexte que je les connaissais aussi bien que lui et que je savais mieux les mettre en valeur!... Que tout cela est loin et que de bons moments j'ai passés avec lui! »...

Mais cette jouissance intime d'accaparer de beaux et intéressants livres, de les revoir, de les toucher, de les lire ou de les parcourir, d'en admirer le style, les pensées, l'originalité, la beauté de l'impression, la perfection de la reliure, M. de Lignerolles la connaissait-il vraiment, complètement? On pourrait en douter. Ses recherches fiévreuses et passionnées, l'examen minutieux de chaque volume qu'il convoitait, les combinaisons vraiment diplomatiques qu'il faisait pour l'obtenir, ses séances chez les libraires, aux expositions de livres ou aux ventes, remplissaient trop pleinement ses journées pour lui laisser le temps d'en jouir longuement chez lui. Sa plus grande satisfaction, comme celle d'un amoureux qui se rend à de difficiles et dangereux rendez-vous, avant la conquête définitive, consistait dans la poursuite et la découverte de livres désirés. La quiétude de la possession ne lui laissait plus guère qu'un contentement d'amour-propre. Pourtant, comme il n'allait que peu ou point dans le monde, il devait employer quelques veilles à s'occuper de ses « chers volumes », — comme les appelle avec conviction un bibliophile de ma connaissance.

M. Claudin, libraire, m'a raconté qu'étant allé un matin, de bonne heure, chez M. de Lignerolles, il le trouva entouré de quelques livres, reliés et déreliés, et enlevant avec des barbes de plume les grains de poussière ou de sable qui s'étaient glissés entre les feuillets, dans le fond des marges. Il dit au libraire qu'il avait employé à ce travail une partie de sa nuit et ajouta que cela lui arrivait fréquemment. Toilette méticuleuse, — un peu puérile, dira-t-on peut-être, — mais qui prouverait que, s'il ne lisait guère, il avait grand souci de l'état matériel de ses favoris. Il les lisait peut-être aussi, la nuit!... Les notes au crayon qu'on remarque sur beaucoup de ses livres indiquent qu'il a dû en lire un assez grand nombre.

Il savait faire ses choix judicieusement, avec une parfaite connaissance, une idée bien nette d'ensemble et un goût sûr. La plupart de ses livres sont non seulement d'une conservation merveilleuse, d'une rareté insigne, ou d'une provenance précieuse, mais encore d'un haut intérêt littéraire et historique. Et, s'il s'en trouve quelques-uns qui ne réunissent pas complètement ces conditions, c'est qu'il n'a pu rencontrer des exemplaires plus parfaits.

Les doubles qu'on voit assez fréquemment dans sa collection témoignent du soin qu'il mettait à la perfectionner. Mais ne peut-on voir, là aussi, une preuve de son indécision à se prononcer entre deux exemplaires un peu différents du même livre? Les non-initiés concluraient certainement à un grain de manie! Pourtant quel est celui d'entre nous, bibliophiles mes camarades, grands ou petits, qui soit parfaitement exempt de ce léger travers? C'est si difficile de jeter brusquement à la porte un de ces *amis* qui nous donnent tant de satisfaction d'esprit, pour faire place à un autre qu'on connaît toujours moins d'abord, mais qui a un peu meilleure tournure! On comprend l'hésitation dans ce cas-là. Seuls les caractères positifs, sceptiques, tranchent la question sans barguigner. Et les caractères sceptiques, positifs, ne collectionnent guère!

Les bibliophiles entre eux établissent certaines distinctions, certaines catégories, presque des castes, qui les différencient et sont amusantes à étudier pour l'observateur désintéressé. Ainsi les collectionneurs d'anciens livres professent un profond dédain pour les acheteurs de nouvelles éditions ; les amateurs de *dix-neuvièmes* se moquent des anciens et ne leur épargnent pas les lazzis. Les contemporains « blaguent » les Romantiques, qui ne leur ménagent pas les sarcasmes. Les acheteurs de volumes illustrés rient volontiers des sévères collecteurs d'éditions originales, et ces derniers traitent de byzantins leurs légers confrères. Tous ou presque tous, en ne négligeant pas absolument, dans la formation de leurs bibliothèques, le côté vénal, n'ont pas assez d'ironie pour bafouer les « spéculateurs ». Ils désignent ainsi ceux qui, pour un motif insignifiant, vendent leurs livres et récidivent quelquefois. Ils sont nombreux, ceux-là !

Des bibliophiles spéculateurs ! Ne trouvez-vous pas que ces deux mots jurent d'être accouplés ? Il m'a toujours semblé qu'un bibliophile ne pouvait songer à « spéculer », pendant qu'il crée sa bibliothèque. Les fluctuations infinies du prix des livres ne lui permettent guère, en effet, de songer à préparer « de bonnes affaires ». Les amateurs dont il s'agit sont plutôt sous l'influence d'un « état d'âme » particulier. Ce sont des capricieux, des fantasques, dont le goût change souvent, des indécis ne sachant à quel genre se vouer définitivement, enclins à céder, échanger, revendre fréquemment des livres qui ont cessé de leur plaire, ou des portions de leur bibliothèque, pas toujours avec bénéfice, quoi qu'on en puisse dire. Il suffit qu'on les ait vus une fois réaliser quelque cession ou quelque échange avantageux, pour que la bénignité charitable d'un confrère leur octroie la bienveillante épithète de « commerçants non patentés ».

Notre grand bibliophile était à l'abri de semblables critiques. Il n'a sans doute jamais revendu un de ses livres. S'il eût mérité un reproche, de la part des gens positifs, c'est plutôt celui d'accumuler trop de *doubles* d'importante valeur et, conséquemment, d'immobiliser inutilement trop de capitaux ; sa fortune, fort belle, étant loin d'égaler cependant celle de gros financiers auxquels il tenait tête et souvent victorieusement, dans les plus fameuses ventes de livres. La mort seule l'arrêta dans ses conquêtes.

Le temps était loin où M. de Lignerolles, à ses débuts, pouvait acheter les éditions originales de nos classiques pour quelques francs et où Claudin lui apportait, pour 1000 francs, le fameux *Missel* de Richelieu, écrit par Jarry, qui a été vendu dix fois plus cher à sa vente. M. Claudin avait trouvé ce bijou chez un maître d'écriture de Paris, qui le lui avait cédé pour 100 francs ! Et la magnifique et touchante relique, l'*Office de la semaine sainte*, ayant appartenu à Mme de Lamballe, sur laquelle se voient des dédicaces autographes de Louis XVI et de Marie-Antoinette, précieux trésor adjugé à 30 000 francs et qui avait été acquis par lui pour 2 500 francs, il y a quelques années ! Temps heureux !...

III

A d'autres points de vue, M. de Lignerolles était dans la meilleure situation pour collectionner : il était célibataire !... Oh ! qui racontera, avec les accents poignants ou les ironies que comporte un tel sujet, les angoisses perpétuelles d'un bibliophile qui a eu la malencontreuse idée de renoncer au célibat, croyant — pauvre naïf — pouvoir un jour concilier ces deux choses, presque toujours incompatibles, l'état de mariage et le goût des livres ! Sans tomber dans le pessimisme excessif de Schopenhauer, il faut bien constater qu'en général — sauf quelques rares exceptions — les femmes, — la grâce et la spontanéité mêmes, — se montrent pourtant rétives pour apprécier toutes choses intellectuelles qui ne frappent pas leurs yeux ou leur raisonnement par un côté pratique quelconque. Toutes les manifestations d'art vrai ou d'originale pensée déroutent leur compréhension, qui n'a point d'autre idéal que l'enjolivement du déjà vu. De même, si elles sont grandes lectrices ou plutôt liseuses de feuilletons, elles n'admettent guère le désir de conserver ce qu'on a lu. Leur mémoire pour retenir les détails d'une œuvre, d'un roman surtout, étant supérieure à la nôtre, elles ne jugent point utile d'en garder la trace. De là à haïr les livres, ces gêneurs, qui ne leur semblent bons qu'à accaparer de la place et à immobiliser de l'argent, il n'y a pas loin.

Il y a quelque temps, me trouvant chez un grand libraire, je vis entrer, la tête basse et l'air hésitant, un homme de quarante-cinq à cinquante ans environ. Après avoir jeté autour de lui quelques regards furtifs, inquiets, l'homme se dirigea obliquement, lentement, presque en s'effaçant, vers le coin du magasin où le libraire remettait des livres en rayon. Il avait salué libraire et employés de façon à me convaincre qu'il en était bien connu. Après un colloque à voix basse, assez court, suivi d'un examen rapide de plusieurs bouquins coquettement vêtus, le mystérieux amateur, regardant autour de lui comme s'il eût été en fraude, prit de la main du libraire un volume assez exigu, puis un autre, et les fit disparaître rapidement dans chacune de ses poches. Il examina ensuite le pan de son vêtement, tâta avec soin l'épaisseur des volumes, — comme pour s'assurer que le relief n'était pas apparent — et jeta au libraire ces mots, avec un mélancolique sourire : « Je n'en prends que deux à la fois, pour que ma femme ne s'en aperçoive pas.... Je reviendrai prochainement, j'emporterai les autres tour à tour. » Et il sortit, non sans avoir, d'un mouvement nerveux, fouillé du regard les deux côtés de la porte, pour s'assurer évidemment qu'aucun agent Tricoche ne l'avait dépisté. Trop discret pour essayer de mettre en défaut le « secret professionnel » du libraire, je ne demandai pas le nom de ce martyr conjugal. Je me bornai à apprendre que c'était un excellent père de famille, assez fortuné pour se permettre quelques milliers de francs de « dépenses de luxe », aimant les beaux livres et préférant à d'autres plaisirs — mondains ou demi-mondains — de bonnes séances dans son intérieur, non loin de sa femme et de ses enfants, un livre à la main, malgré la *bibliophobie* de celle-là et les ébats bruyants, souvent troubleurs, de ceux-ci. Et pourtant !...

Les paroles mélancoliques de cet inconnu m'avaient bouleversé ! je les entends encore tinter à mes oreilles, tristement, comme le glas de la dignité maritale, comme l'éclat bruyant d'une lésion dans la cavité cérébrale de la volonté, déterminant un état de résignation, d'humilité presque contrite, que j'admire. Mais ce souvenir m'obsède. Je ne puis m'empêcher de revivre un peu dans le passé, de me rappeler plusieurs faits analogues, qui, pour m'avoir moins vivement ému, ne m'avaient pourtant pas laissé indifférent.

Je me souviens encore d'un grand amateur de Lyon, bien connu, dont la femme poussait l'horreur du livre à un tel point qu'il était obligé de se faire adresser ses envois et ses correspondances bibliophiliques chez son relieur, — absolument comme un mari enclin aux « coups de canif », qui recevrait ses lettres d'amour en maison tierce ! — Après plusieurs années de dissimulation, le pauvre mari, las de ne pouvoir jouir tranquillement de sa bibliothèque et ennuyé d'être ainsi dans des transes perpétuelles, avait fini, découragé, par vendre ses livres, et ne tardait pas à mourir de spleen. Le public distrait, sceptique, le clan de libraires et de bibliophiles qui assistaient, à l'Hôtel Drouot, aux funérailles de première classe de cette collection péniblement composée, ne se doutaient pas qu'un drame se jouait dans les coulisses.

Un passage de *l'Art d'aimer les livres*, relatif aux femmes de bibliophiles, faisait allusion à un célèbre amateur des derniers temps, dont la femme et ensuite la famille avaient continuellement essayé d'entraver les acquisitions, ce qui ne les empêcha pas de réaliser, avec sa bibliothèque, un héritage beaucoup supérieur à l'argent déboursé. Ce chapitre avait attiré à l'auteur de nombreuses lettres de remerciements, signées par des bibliophiles maris et peut-être... marris ; ce qui prouve qu'il avait touché juste.

Dans ses livres humoristiques, notamment *les Zigzags d'un curieux*, Octave Uzanne avait tancé, en des pages spirituelles, « la maîtresse de maison, en général hostile au livre ». Il citait une boutade du bon et sympathique bibliophile Jacob, qui, après avoir essayé... mollement de marier un jeune écrivain amateur de livres, répondait enfin aux objections victorieuses de celui-ci : « Ah! mon cher ami, que je vous félicite ! Vous êtes un sage et serez un heureux.... Ne parlons plus jamais de cela ; les femmes, voyez-vous, n'aiment pas les livres et n'y entendent rien ; elles font à elles seules l'enfer des bibliophiles : amours de femmes et de bouquins ne se chantent pas au même lutrin. »

Le spirituel préfacier d'une jolie édition du *Bibliomane* de Charles Nodier, parue chez Conquet, M. Vallery-Radot, considère la femme comme le plus grand ennemi du livre, « ennemi de tous les jours, de toutes les heures, furetant partout, décidé à toutes les luttes ouvertes et à toutes les luttes sournoises »…. Appréciations cruelles, mais trop souvent justifiées, contre lesquelles cependant M. Grand-Carteret protestait galamment, dans *le Livre et l'Image*, en mars 1894 : « Bien dit, mon cher confrère, répondait-il, mais il eût été juste aussi d'opposer à ces femmes, préférant un bout de ruban à une belle reliure, les femmes qui laissent leur mari emplir la maison de livres et d'estampes, sans jamais élever la moindre protestation contre cet envahissement. Et vous devez savoir combien nombreuses elles sont. » Nombreuses?... certes point ; plutôt rarissimes, pour employer une expression de collectionneur ; disons bonnes, patientes, dévouées, adorables même, si vous voulez, — car devant de telles femmes on doit, à deux genoux, réciter des litanies de reconnaissance et d'actions de grâces ! M. Grand-Carteret, le « champion des dames », comme on disait au xve siècle, voudra-t-il bien porter à ces femmes-phénix, qu'il connaît évidemment, l'expression des enthousiastes gratitudes de tous les vrais amis des livres ! Ces douces et angéliques créatures ne sauront jamais assez combien leur affectueuse abnégation peut sauver d'âmes, retenues au bercail de la famille par le goût des beaux livres, qui est aussi une foi, un idéal, presque une religion !...

Donc, célibataire, assez fortuné, connaissant à fond tout ce qui a trait aux livres, ayant reçu de dame Nature une santé excellente, de la Providence un caractère tenace, une patience et une persévérance rares, ayant vécu assez longtemps pour avoir pu consacrer à sa passion cinquante années au moins, employées à découvrir et arracher à des rivaux les volumes ardemment convoités, M. de Lignerolles, avec tous ces atouts, avait affronté gaillardement et victorieusement le jeu passionnant de la bibliophilie. Il y avait risqué souvent de gros enjeux. Il avait vu quelquefois pâlir son étoile devant l'étincellement de ruisseaux d'or, jaillissant des coffres de collègues mieux en cour auprès de Plutus. Quelques rares livres lui avaient été si furieusement disputés aux enchères, qu'il avait fallu quelquefois céder. Mais, en général, il avait été extrêmement heureux dans ses acquisitions.

Il m'eût été agréable d'examiner plus en détail la composition de son admirable bibliothèque, l'une des plus belles formées en ce siècle. De chers souvenirs eussent été pour moi évoqués. La mémoire d'anciennes et assidues relations avec lui, de ses fréquentes visites chez M. Potier, son libraire, son plus fidèle conseiller et confident, de ses longues et quotidiennes séances à l'ancienne librairie Fontaine, avec le baron Pichon, le baron de Lacarelle, le marquis de Ganay, le comte de la Béraudière, M. Édouard Bocher, le comte de Mosbourg, M. Ernest Quentin-Bauchart, M. G. de Villeneuve, le baron James de Rothschild, M. Eugène Paillet, le baron de Ruble, le marquis de Villoutreys, le comte de Sauvage, le comte de l'Aigle, le comte Foy, le baron Portalis, le prince Victor de Broglie, le baron A. de Claye, M. Henri Beraldi, etc..., ramène en moi une douce rêverie, à laquelle je me fusse volontiers abandonné, en parlant d'un certain nombre de livres précieux qui lui échurent en ces temps heureux et déjà lointains.

Mais rien ne reste à dire après les excellents articles de M. le baron de Claye, parus dans *le Livre et l'Image*. (Voir aussi son charmant volume *la Bibliophilie en 1894*.) Et c'est à ces articles si intéressants qu'il faudra toujours recourir pour se donner, mieux encore que par les catalogues, une idée de cette importante et merveilleuse collection. Un richissime bibliophile offrit à M. de Lignerolles, il y a une quinzaine d'années, de la lui acheter pour seize cent mille francs, d'autres disent même dix-huit cent mille! (à cette époque, elle eût probablement atteint ce chiffre en vente publique). Mais, hélas! les temps sont changés!...

Il est d'ailleurs regrettable qu'une telle avalanche de beaux livres ait roulé, en une seule saison, sur le « marché de Paris ». Le catalogue — en trois parties — dressé par M. Porquet, libraire, avec la haute collaboration de M. Émile Picot, l'éminent bibliographe, est œuvre importante et exigeait, pour être digne de la collection, de longues et laborieuses recherches. Une année de plus n'eût pas été superflue pour le parfaire[1].

IV

Elle est maintenant dispersée cette bibliothèque superbe. Ils sont allés au vent, ces livres, ces trésors de pensée et d'art, ces spécimens choisis de talents d'artistes et d'artisans des siècles passés, ces souvenirs graves ou tendres, pieux ou légers, qui furent choyés, caressés, qui

---

1. Voir, au sujet du produit des trois ventes et d'une quatrième faite récemment, l'appendice placé à la fin de cette notice.

firent tour à tour, pendant plus de cinquante ans, les délices du plus vrai des bibliophiles! Et c'est à ce but que tendent — inconsciemment — les recherches, les émotions, les joies, les désenchantements de nous tous, qui aimons à vivre au milieu des livres ou des objets quelconques que nos goûts divers ont rassemblés : une dispersion immédiate de ce que nous avions si péniblement réuni; et cela pour que d'autres agissent comme nous avons fait; et pour que Plutus, dieu du jour, de plus en plus adoré, en l'honneur duquel se font ces holocaustes, soit toujours convenablement servi. *Vanitas vanitatum!*

Une chose curieuse à noter et qui semble étonnante de la part d'un bibliophile aussi ardent à s'assurer la possession des livres que l'était M. de Lignerolles : il n'a jamais eu d'*ex-libris*. Cette preuve de modestie, chez le possesseur d'une collection incomparable, n'est point une banalité assurément. Il évita ainsi le souci, non dépourvu d'orgueil, de perpétuer, en l'émiettant pour ainsi dire, le souvenir de sa haute personnalité bibliophilique. Pourtant, un *ex-libris* estampillant ces livres superbes et leur donnant pour l'avenir acte de notoriété eût fait la joie des bibliophiles futurs. Le possesseur de ces trésors pouvait, à l'instar de quelques amateurs du xvie siècle, y mettre une devise expressive : *Nunquam amicorum*, par exemple, devise qui, pour être moins aimable que celle de Grolier et plus franche peut-être, eût été la traduction exacte de son sentiment.

Aucun de ses livres ne porte de marque à lui personnelle, sinon, quelquefois, une note brève, de sa grande écriture distinguée, placée discrètement sur la garde, d'un crayon léger, comme avec crainte d'y laisser trace que la gomme ne puisse effacer; et, presque toujours, à l'angle de cette même garde, un minuscule V ou l'abréviation *Coll.* (*Vu* ou *Collationné*), tracés également au crayon, de façon peu apparente. En philosophe à la mélancolique pensée, il songeait peut-être à ne pas donner pâture à cette nouvelle race d'*iconomanes* un peu byzantins, qui ne craignent pas d'arracher aux livres les *ex-libris*, pour en former des *tas* à part, comme s'il s'agissait de timbres-poste ou de prospectus.

M. de Lignerolles est mort à soixante-seize ans. Sa santé robuste pouvait lui donner l'espoir de vivre encore quelques années. Mais, vers la fin de 1892, il avait pris froid à la campagne, où il séjournait chaque année un peu tard, jusqu'à l'entrée de l'hiver. Dans une ferme qu'il possédait à Graville-Saint-Honorine, près du Havre, il avait fait aménager une chambre, et il allait là passer plusieurs semaines. En 1892, l'hiver fut précoce et rigoureux. Il fut atteint d'une congestion, suivie d'une hémiplégie, et depuis il ne fit que se traîner péniblement. Sa figure changea à vue d'œil. Revenu à Paris, il recevait assidûment les

visites de quelques amis dévoués; parmi eux, le baron Pichon, M. Eugène Paillet, le baron Portalis, M. Porquet, libraire. Le baron Pichon passait régulièrement près de lui quelques heures, tous les dimanches. Le malade reprenait à son arrivée une sorte de gaîté, parlait avec animation de ses livres, qu'il se faisait apporter tour à tour, par ses vieux serviteurs. Il rappelait à son ami des passages de certains ouvrages, ou des vers dont il cherchait quelquefois l'auteur. Le baron Pichon me citait entre autres ce vers que le patient lui répétait souvent :

Ah! que la nuit est longue à la douleur qui veille!

Il revivait dans le passé, évoquait le souvenir des ventes d'autrefois, des beaux livres vus ensemble, des bibliophiles disparus....

Puis il cessa de s'intéresser à ces choses. Le mal reprenait le dessus. Il s'éteignit le 13 février 1893.

Dans son testament, l'excellent bibliophile avait tenu à proclamer son étroite et si ancienne amitié pour le baron Pichon, en lui léguant un livre des plus précieux, considéré comme unique, *la Chasse du grand Seneschal de Normandie et les Dicts du bon chien Souillard*, édition de Pierre Le Caron (fin du xve siècle), curieux ouvrage de vénerie. Ce petit trésor avait fait partie, d'ailleurs, de la première collection du président des Bibliophiles français, et M. de Lignerolles l'avait acquis, pour 2000 francs, à sa vente, en cette heureuse époque où les livres, même les plus précieux, étaient encore cotés à des prix raisonnables. Il avait aussi légué à M. Porquet, son dernier libraire, en souvenir de sa collection qu'il le chargeait de présenter aux enchères, un charmant exemplaire, relié en maroquin doublé, du *Régnier* des Elzévir.

Ces pensées délicates ne sont-elles pas un dernier témoignage de l'exquis et persévérant attachement que gardait à ses affections ce prétendu solitaire, ce silencieux, qui eut peut-être raison de préférer la compagnie des livres, ces amis muets « qui ne trahissent jamais », à celle de la société banale, toujours impuissante à procurer les joies et les émotions douces, capables de nous consoler des amertumes de la vie.

Je ne voudrais pas terminer cette notice sans dire un mot des jugements portés à la légère sur M. de Lignerolles, dans la presse. Peu d'articles ont été écrits avec connaissance. De son vivant déjà, quelques confrères ou amis avaient souvent, malgré leur respect et leur sympathie pour sa personne, exercé leur verve plaisante à son détriment. Les bibliophiles sont des gens d'esprit pour la plupart, et, comme gens d'esprit, ils ne possèdent pas toujours, au même degré que la virtuosité, les deux vertus angéliques d'aménité et de bienveillance. Leurs plus intimes amis sont quelquefois passés au fil de leur langue déliée, sans méchanceté d'ailleurs, quoique peut-être pas sans malice. Depuis sa mort, quelques journaux, reprenant ces petites légendes, ont publié sur lui diverses anecdotes, les unes vraies, d'autres fantaisistes. D'autres sont restées inédites.

Une de ces anecdotes mérite d'être rapportée. Elle est typique et elle est authentique. Elle a trait au « pacte » que firent M. de Lignerolles et le baron de Lacarelle, pour posséder tour à tour un livre qu'ils convoitaient tous les deux avec la même ardeur. C'était, je crois, un recueil de pièces gothiques à peu près introuvables, qui figurait à la vente Brunet, dirigée par M. Potier. Les deux bibliophiles avaient chacun, en grand secret, donné mission à Potier de l'acquérir, sans limiter le prix. Le libraire, embarrassé, résolut de prévenir les « belligérants », d'abord sans citer à chacun le nom de son adversaire, mais en disant à tous deux qu'il s'agissait d'un ami. Ni l'un ni l'autre ne se décida à céder. Enfin, la vente approchant, Potier nomma l'un à l'autre les deux champions, un jour qu'ils se rencontrèrent chez lui. « Laissez-le-moi, Lignerolles ! — Mais non, mon cher, je ne le retrouverais jamais. Abandonnez-le-moi, Lacarelle ! — Impossible, mon cher, j'y tiens absolument. —

Achetez-le ensemble, dit Potier, riant. — Au fait, pourquoi pas? nous le tirerons au sort, dit M. de Lacarelle. — Jamais, s'écria M. de Lignerolles! s'il allait vous échoir, il serait perdu pour moi. — Eh bien, une idée : Potier va l'acquérir pour nous deux. Nous paierons le prix par moitié. Chacun de nous le possédera pendant six mois, ensuite le « passera » à l'autre. Et à la mort de l'un de nous, il appartiendra au survivant, sans nouveaux frais. Nous allons faire une convention écrite... pour nos héritiers ! » Ainsi fut fait. Et pendant plus de quinze ans, le précieux bouquin cahota gracieusement une trentaine de fois de Lignerolles à Lacarelle et de Lacarelle à Lignerolles. Le traité existe toujours, document singulier et amusant!

Les anecdotes suivantes sont plus simples et pourraient avoir aussi bien pour héros tout autre bibliomane passionné :

Claudin avait été prévenu par un confrère étranger de l'envoi d'une édition peu connue (l'une des originales) des *Lettres de Mme de Sévigné*. Il en avait parlé un jour devant deux de ses clients, M. de Lignerolles et M. Rochebilière, que ce livre intéressait également. Chacun, en arrière de son collègue, avait dit au libraire de le lui montrer le premier. Claudin, ne voulant pas manquer de parole à l'un ni à l'autre, ne promettait rien. Enfin les volumes arrivés, M. Rochebilière, venu le premier, trouve le prix un peu élevé et hésite. M. de Lignerolles venant ensuite, demande à emporter le livre « pour l'examiner ». M. Rochebilière, apprenant le fait, entre dans une grande colère et exprime son mécontentement au libraire. Il était, disait-il, décidé à payer le prix demandé et venait prendre l'ouvrage. M. de Lignerolles, interpellé par lui, déclare qu'il garde le livre. Alors se passe entre les deux amateurs une scène violente, M. Rochebilière nerveux et agressif, M. de Lignerolles correct mais inflexible. Les deux bibliophiles se gardèrent toujours rancune; ils s'invectivaient encore chaque fois qu'ils se rencontraient; et cela, en somme, pour un ouvrage de secondaire importance.

On a déjà raconté le petit voyage que fit M. de Lignerolles jusqu'à quelques stations de Paris, pour être le premier à voir un fameux exemplaire du *Montaigne* de 1588, portant un envoi autographe de l'auteur des *Essais*, adressé au président Loysel, livre que le libraire Tross était allé acquérir en Allemagne. M. de Lignerolles avait appris que d'autres bibliophiles, désireux comme lui d'acheter le précieux bouquin, devaient aller attendre Tross à l'heure de son arrivée. En effet, l'un d'eux attendait dans la boutique même du libraire, l'autre avait jugé prudent d'aller à la gare. Plus passionné encore que ses confrères, M. de Lignerolles prit le train jusqu'à Creil et guetta le libraire. Séance tenante, il acheta le séduisant volume; ses concurrents, peut-être ses amis, ne purent que saluer le vainqueur, qui les avait si bien joués.

Un autre amateur, M. E. Bancel, très friand de pièces gothiques et très actif, très ardent à suivre la piste de ses *desiderata*, fut aussi devancé par M. de Lignerolles. C'est encore Claudin qui fut l'intermédiaire de l'affaire. Il avait dit à ses clients qu'il allait acquérir par correspondance une série de facéties des plus rares du xve siècle et du commencement du xvie. Ce recueil devait lui être envoyé prochainement. Alors commença un véritable steeple-chase entre M. de Lignerolles et M. Bancel, venant tour à tour jusqu'à deux fois par jour, et dès le matin, s'enquérir si les pièces étaient arrivées. M. de Lignerolles avait fini par aller chez le libraire presque au point du jour et attendait le dépouillement du courrier. Il fut encore victorieux, mais cette fois, vraiment, l'objet en valait la peine. Il est vrai que Claudin le décida à céder quelques-unes des pièces à M. Bancel.

Ces petits faits et quelques autres, plus ou moins fantaisistes, ont amené deux ou trois journaux à traiter injustement de *maniaque* notre bibliophile. Expression inexacte, d'ailleurs de signification fort élastique, qu'on applique avec trop peu de discernement à presque tous les passionnés. « L'homme sans passion est un zéro », a écrit Mme de Blocqueville, dans un livre sentimental et étrange, *le Prisme de l'âme*. M. de Lignerolles n'eût certes pas été classé, par la spirituelle et tendre marquise, — qui devait s'y connaître, — parmi ceux qu'elle traite si dédaigneusement; car, sous des dehors calmes et corrects, il était la passion même, avec toutes ses inquiétudes, ses déceptions et aussi toutes ses immenses joies. C'était un véritable « amant des livres », comme l'a dit expressivement quelqu'un. Et le mot « amant », si bizarre qu'il semble ici, ne manque pas de justesse.

JULES LE PETIT.

Appendice

La précédente notice était préparée et même imprimée pour le fascicule de juillet 1894 d'une revue qui depuis a cessé de paraître.

A cette époque, trois ventes de livres de M. de Lignerolles avaient été faites, — trois parties formant ensemble une réunion de plus de six mille articles, dont le produit total avait été de onze cent mille francs environ

Une quatrième vente a eu lieu depuis, au mois de mars dernier. Cette partie, la dernière sans doute de la fameuse collection, renfermait à elle seule, en 2010 numéros, toute une bibliothèque. On y rencontrait des doubles de livres ayant figuré déjà dans toutes les séries des catalogues précédents; doubles en moins bel état, volumes rares mais moins bien reliés, — que l'expert n'a pas cru devoir joindre aux livres des premières ventes, — parties dépareillées de classiques français, plaquettes curieuses sur l'histoire, etc..., le menu *fretin* enfin, un fretin qui eût fait la joie de bien des bibliophiles, il y a vingt ans, lorsque ces livres étaient recherchés avec rage. Mais le goût des collectionneurs étant actuellement modifié, — à tort ou à raison, ne discutons pas ! — le résultat de la dernière vente a été désastreux.

Cette réunion de livres un peu négligés ou *réformés*, cette sorte de *fond* de bibliothèque, nous montre M. de Lignerolles accaparant et gardant, sans motif raisonnable, inutilement enfin, des milliers de volumes, fragments d'éditions ou exemplaires complets, qu'il possédait déjà, au moins une fois, en superbe état. « Il ne les recherchait, écrit M. de Claye dans le *Courrier du Livre*, que pour les dérober à tous les regards. Ce grand collectionneur était un grand enfouisseur. Il y a là un dernier trait qui complète sa si curieuse physionomie.... Il enfouissait, je le répète, amassant toujours et toujours jamais rassasié, toujours épris de ce qui lui manquait. » On pourrait, dans ce cas, ajouter : épris aussi de ce qui, déjà possédé par lui et manquant aux autres, aurait pu leur servir à compléter des collections, qui se fussent ensuite trop rapprochées de la sienne. C'est peut-être vrai. Le caractère de certains collectionneurs est si bizarre !

Voici les résultats des quatre ventes de la bibliothèque de M. de Lignerolles. M. Maurice Delestre, commissaire-priseur, qui les a dirigées avec son intelligence et son tact habituels, nous a obligeamment communiqué les chiffres exacts.

Une petite réunion d'estampes anciennes et de portraits (388 numéros), présentée aux enchères par M. Jules Bouillon, expert, les 16 et 17 janvier 1894, a produit 15 125 francs.

La première vente de livres, faite du 29 janvier au 3 février 1894 et comprenant : une série d'admirables manuscrits, la *Théologie*, la *Jurisprudence*, les *Sciences et Arts* (ensemble 675 numéros), a produit 318 420 francs.

La seconde vente, faite du 5 au 17 mars 1894, celle de la plus intéressante et de la plus importante série, les *Belles-Lettres* (2 160 numéros), a atteint le chiffre de 518 491 francs.

La troisième partie, l'*Histoire* (3 286 numéros), dont la vente a été faite du 16 au 25 avril 1894, a produit 242 185 francs.

La quatrième vente enfin, composée d'un grand nombre de doubles de toutes les séries, de volumes en état parfois médiocre ou dépareillés (2 010 numéros), n'a pas dépassé 42 186 francs.

Le rendement total de cette magnifique collection, la mieux composée peut-être de toutes celles qui ont été formées en ce siècle, est donc de 1 136 407 francs.

32870. — Imprimerie LAHURE, 9, rue de Fleurus, à Paris.

PARIS
IMPRIMERIE GÉNÉRALE LAHURE
9, RUE DE FLEURUS, 9

www.ingramcontent.com/pod-product-compliance
Lightning Source LLC
Chambersburg PA
CBHW061018050426
42453CB00009B/1504